THemen-Heft

Weihnachten

Inhaltsverzeichnis

W0316489

BVK TH10 • Renate Maria Zerbe • Themenheft „Weihnachten 1./2. Klasse“

Über das Arbeiten mit diesen Materalien

Liebe Kolleginnen, liebe Kollegen!

Das Weihnachtsfest mit all seinen Bräuchen ist das Fest überhaupt, auf das sich Groß und Klein freut. Besonders für die Schüler der 1. und 2. Klasse ist diese Zeit gezeichnet von Heimlichkeit, Weihnachtsgeschichten, Basteleien und köstlichen Gerüchen aus der Küche.
Sie bleiben aber auch nicht unberührt vom kommerziellen Rummel und den vielen hektischen Vorbereitungen.

Thema des vorliegenden Heftes ist es, das Weihnachtsfest inkl. der Adventszeit in seiner Bedeutung kennen zu lernen. Zentrale Figuren und Symbole der Weihnachtszeit werden näher behandelt, um den Kindern ansatzweise den Sinn von Weihnachten zu vermitteln. Eine vertiefende Sichtweise muss später erfolgen, da man dann auf einem gewissen Wissens- und Erfahrungshintergrund aufbauen kann.
Die vorliegenden Materialien sind fächerübergreifend angelegt. Neben grundlegenden Themen, die die Anforderungen der Richtlinien und Lehrpläne Sachunterricht, Deutsch und Religion abdecken, gibt es zusätzliche Arbeitsangebote, die den Fächern Mathematik, Deutsch, Kunst und Religion zuzuordnen sind. Zudem findet man Rätsel und Spielvorschläge.

Die Reihenfolge kann grundsätzlich variiert werden, es ist aber empfehlenswert, mit dem „Advent“ anzufangen, da dies der zeitlich chronologischen Abfolge entspricht.
Der Grundlagenteil ist so aufbereitet, dass es zu jedem Themenschwerpunkt drei Angebote mit unterschiedlichen Schwierigkeitsgraden gibt, die auch gekennzeichnet sind. Eine innere Differenzierung ist also möglich.
Ferner enthält die Mappe eine Blanko-Auftragskarte, sodass das Thema auch als Werkstatt umsetzbar ist.
Das Kontrollblatt kann als Selbstkontrolle für die Kinder oder als Lernzielkontrolle eingesetzt werden.
Die Ergebnisse könnten als Ausstellung, auf einer Klassenweihnachtsfeier oder in einem „Weihnachtsheft“ festgehalten werden.

Ich wünsche Ihnen viel Erfolg und Spaß in der Weihnachtszeit!
Renate Maria Zerbe

Tipp: Vorlagen (S. 19 Tannenbaum und S. 22/23 Stehkrippe) auf Pappe oder Tonpapier kopieren.

Vorwort des Verlages

Liebe Kolleginnen, liebe Kollegen,

mit dem Themen-Heft Weihnachten aus der Themenheft-Reihe haben Sie eine Materialsammlung erworben, die Ihnen auf Grund des Aufbaus vielfältige Einsatzmöglichkeiten bietet:

- Einsatz als Themenheft, als Projekt oder auch als Werkstatt (durch die beigefügte Blanko-Auftragskarte)
- Fächerübergreifende Bearbeitung des Themas

- Arbeitsblätter zu den **Themenschwerpunkten** entsprechend Lehrplan Sachunterricht
- Dreifache Differenzierung dieser Arbeitsblätter
  - zur inneren Differenzierung
  - zur vorbereitenden oder vertiefenden Hausaufgabe
  - für verschiedene Jahrgangsstufen
- Die Reihenfolge der Themenschwerpunkte kann variiert werden.

- Weiterführendes Arbeiten über das Kernthema hinaus durch (nicht differenzierte) Arbeitsblätter zu **Zusatzthemen**

Zu Ihrer Arbeitserleichterung enthält dieses Heft:
- eine Lernzielkontrolle zum Verständnis der Kinder des Themas
- einen Beurteilungsbogen zur Rückmeldung des Arbeitsverhaltens für die Schülerinnen und Schüler

Wir wünschen Ihnen viel Erfolg bei der Arbeit mit dem Themenheft „Weihnachten 1./2. Klasse“.

Ihr Buch Verlag Kempen

BVK TH10 • Renate Maria Zerbe • Themenheft „Weihnachten 1./2. Klasse“

RÜCKMELDUNG			
Liebe / r ______________________________ , so hast du beim Thema „Weihnachten“ gearbeitet:			
	☺	😐	☹
Du hast konzentriert gearbeitet.			
Du hast selbstständig gearbeitet.			
Du hast engagiert gearbeitet.			
Du hast dich an Unterrichtsgesprächen beteiligt.			
Du hast deine Mappe in Ordnung gehalten.			
Kommentar:			

Auftragskarte zu Werkbereich:

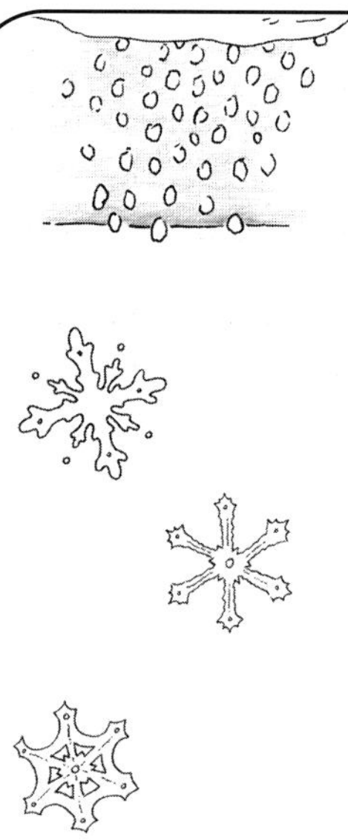

Weihnachten

Übersicht über die Themenschwerpunkte

THEMEN-SCHWERPUNKT	SCHWIERIGKEITSGRAD			
	EINFACH	MITTEL	SCHWER	Seite
Nikolaus	Der Heilige Nikolaus	Freund der Kinder	Nikolaus	8
Im Advent	Der Adventskranz	Bräuche vor und nach dem Advent	Advent – Zeit des Wartens	11
Engel	Geheimnisvolle Wesen	Engel	Engel sind ...	14
Der Weihnachtsbaum	Licht im Dunkeln	Schmuck auf dem Tannenbaum	Unser Weihnachtsbaum	17
Die Weihnachtsgeschichte für bis und Vorlagen Stehkrippe				21
Die Weihnachts-geschichte	Die Geburt Jesu	Im Stall geboren	In Bethlehem	24
Hirten auf dem Feld	Hirten	Hirtenkleidung	Beruf: Hirte	27
An der Krippe	Die Krippentiere	Tiere und Menschen an der Krippe	Allerlei Tiere im Stall	30
Weihnachten feiern	Das Weihnachtsfest	Am Heiligen Abend	Wir feiern Weihnachten	33
Die Heiligen Drei Könige	Drei Könige	Das Dreikönigsfest	Drei Könige auf dem Weg	36

BVK TH10 • Renate Maria Zerbe • Themenheft „Weihnachten 1./2. Klasse“

Übersicht über die zusätzlichen Angebote

ZUSATZTHEMEN	LERNANGEBOTE	Seite
Rezept	Weihnachtsbäckerei: Butterplätzchen	39
Wörter zu Bildern schreiben	Nikolausstiefel	40
Purzelwörter	Versteckte Geschenke	41
Brief verfassen	Brief an ...	41
falsches Wort herausfinden	Was passt hier nicht?	42
Wunschzettel schreiben	Wunschzettel	43
Umfrage, eigene Meinung	Was ist dir wichtig in der Weihnachtszeit?	44
Geschenke und Wünsche	Nachdenken über Geschenke	45
passende Wörter finden	Ein Weihnachts-Abc	46
Nachspurübung	Königsgeschenke	47
Bedeutung des Spruchs	Sternsinger	48
Weg nach Buchstaben finden	Frohe Weihnachten!	49
Bildern Wörter zuordnen	So viele Dinge	50
Bildergeschichte	Die Weihnachtsgans	51
freies Schreiben	Wunderbare Zeit	51
Satzteile verbinden	Was für ein Durcheinander!	52
Reimwörter ergänzen	Auf dem Weihnachtsmarkt	53

Übersicht über die zusätzlichen Angebote

Der Heilige Nikolaus

Der Heilige Nikolaus lebte vor sehr langer Zeit.
Er war ein Bischof. Vielen armen Menschen hat er geholfen.
Wir feiern ihn am 6. Dezember.

Aufgaben

- Was sagt der Nikolaus? Schreibe es in die Sprechblase.
- Was ist im Sack? Schreibe es daneben und male die Dinge in den Sack.

Freund der Kinder

Das Fest des Heiligen Nikolaus feiern wir am 6. Dezember.
Er lebte vor sehr langer Zeit. Nikolaus war Bischof.
Er half vielen Menschen, die Sorgen hatten.
Heute stellen wir am Nikolaustag einen Stiefel oder einen Teller auf. Darin befinden sich meist kleine Leckereien.

Aufgaben

- Lies den Text.
- Male ein Bild vom heiligen Nikolaus.
- Schreibe auf, was in deinem Stiefel war.

BVK TH10 • Renate Maria Zerbe • Themenheft „Weihnachten 1./2. Klasse“

Nikolaus

Das Fest des Heiligen Nikolaus feiern wir am 6. Dezember. Nikolaus war Bischof. Er hat vielen Menschen in Not geholfen.

Als Nikolaus Bischof war, hörte er von einer sehr armen Familie. Der Vater war schwer krank und konnte nicht mehr arbeiten.
Die Familie war so arm, dass der Mann seine drei schönen Töchter verkaufen wollte. Er war aber sehr traurig darüber und bat Gott um Hilfe.
Eines Nachts fiel ein Goldsäckchen durch das Fenster. Die Mädchen freuten sich. Auch in der zweiten Nacht lag ein Goldsäckchen im Zimmer.
In der dritten Nacht blieb der Vater auf. Es fiel wieder ein Säckchen durchs Fenster. Schnell rannte er hinaus und sah, wie Nikolaus eilig davonlief.

Am Nikolaustag stellen wir einen Stiefel oder Teller vor die Tür. Dieser wird mit leckeren Dingen gefüllt.

Aufgaben

- Lies den Text.
- Male einen Comic zur Geschichte. Ihr könnt dabei auch in einer Zweier- oder Dreiergruppe arbeiten.

Überlege, wie du anderen helfen kannst (deinen Eltern oder Freunden).

BVK TH10 • Renate Maria Zerbe • Themenheft „Weihnachten 1./2. Klasse“

Der Adventskranz

Im Advent warten wir auf Weihnachten. Wir schmücken unsere Wohnung mit einem Adventskranz. Auf dem Adventskranz stehen vier Kerzen. Jeden Sonntag zünden wir eine Kerze an. Wenn alle Kerzen brennen, ist Weihnachten.

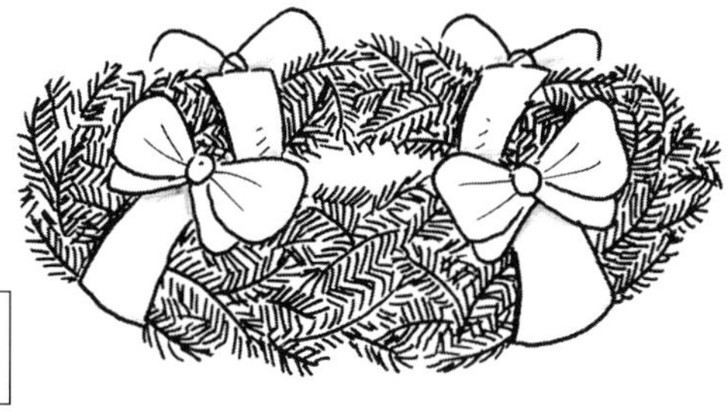

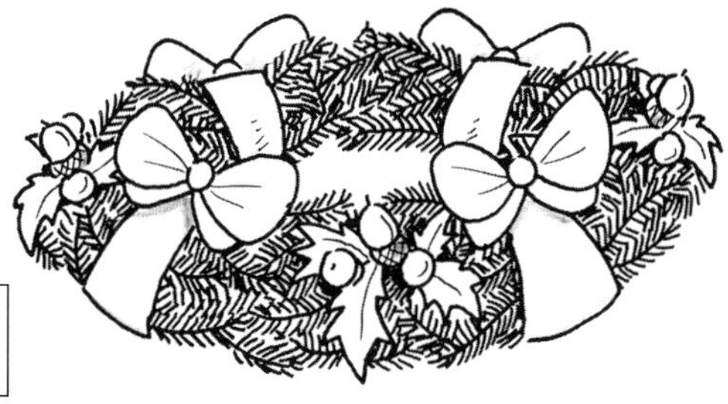

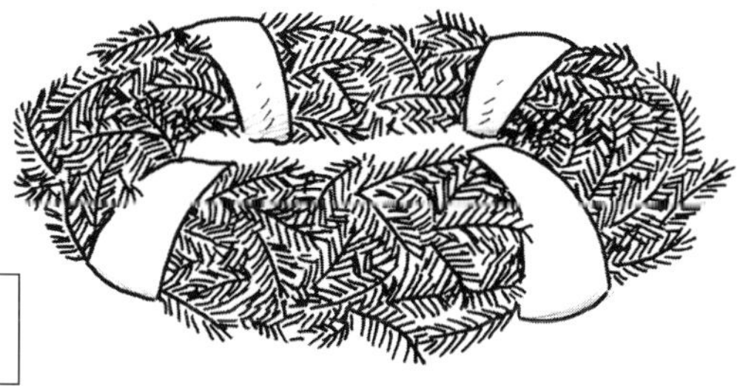

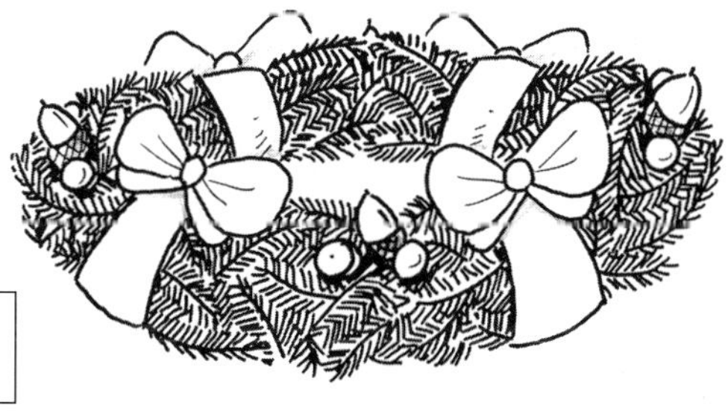

Aufgabe

Kannst du sagen, in welcher Reihenfolge der Adventskranz geschmückt wurde? Trage die richtigen Nummern in die Kästchen ein. Besprich deine Lösung mit deinem Nachbarn.

BVK TH10 • Renate Maria Zerbe • Themenheft „Weihnachten 1./2. Klasse“

Geheimnisvolle Wesen

Engel überbrachten den Hirten die frohe Nachricht von der Geburt Jesu.

Aufgaben

Was sagten sie den Hirten?

Schreibe es in die Sprechblase.

Male das Bild zu Ende.

Aufgabe

Bastle nun diesen Engel aus Papier.

BVK TH10 • Renate Maria Zerbe • Themenheft „Weihnachten 1./2. Klasse“

Engel

In der Weihnachtsgeschichte kommen Engel vor. Sie erzählen den Hirten von der Geburt Jesu.
Auf Bildern sehen Engel ganz verschieden aus.

Aufgaben

Wie stellst du dir einen Engel vor?
Male und beschreibe ihn.

Aufgabe

Es war Nacht, als die Engel zu den Hirten kamen.
Ordne jedem Engel den passenden Schatten zu.

BVK TH10 • Renate Maria Zerbe • Themenheft „Weihnachten 1./2. Klasse“

Engel sind ...

Engel kommen in der Weihnachtsgeschichte vor. Sie erzählten den Hirten von der Geburt Jesu im Stall von Bethlehem.

Engel bedeutet soviel wie „Bote“. Er ist Vermittler zwischen Himmel und Erde.

Das sagen Kinder:

Engel bringen uns Frieden und Glück.

Engel sind Lebewesen, die man nicht sieht.

Engel beschützen uns.

Jeder von uns hat einen Schutzengel.

Engel haben auf Bildern immer Flügel.

Aufgaben

Lies die Aussagen der Kinder durch.

Was denkst du über Engel? Schreibe es auf.

Wie sieht dein Engel aus? Male ihn auf ein Blatt.

Sammle verschiedene Abbildungen von Engeln.
Besprecht eure Ergebnisse in der Klasse.

BVK TH10 • Renate Maria Zerbe • Themenheft „Weihnachten 1./2. Klasse“

Licht im Dunkeln

Es ist kalt und dunkel. Bald ist Weihnachten. Es wird hell und warm.

Zu Weihnachten schmücken wir
unsere Tannenbäume.
Sie strahlen.
Das bedeutet: Jesus ist geboren.
Er ist das Licht der Welt.

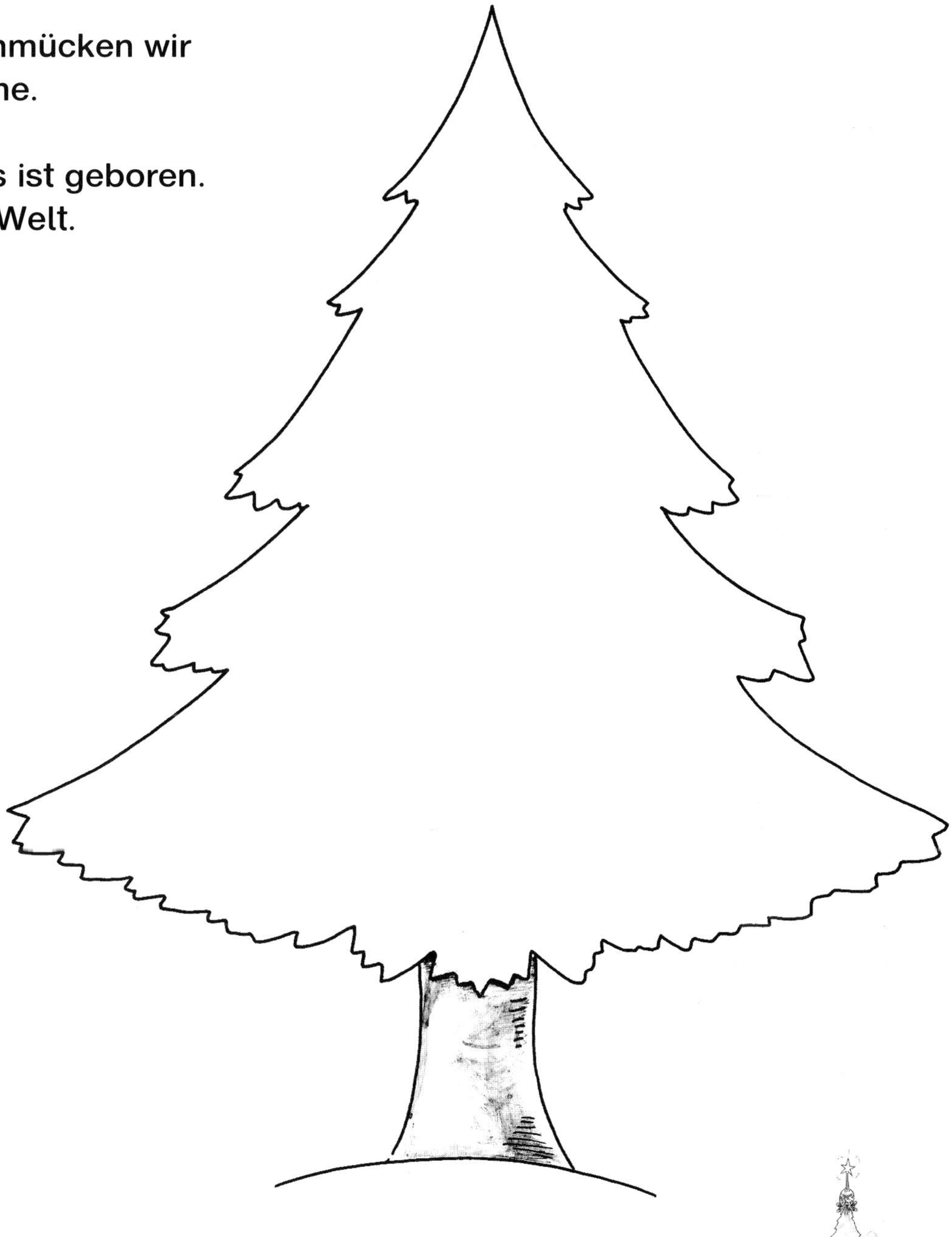

1

2

Aufgaben

- Schneide Lichtsymbole (Kerzen, Sterne ...) aus Prospekten aus.
- Klebe sie auf den Tannenbaum.
- Vergleiche dann die beiden Tannenbäume (1 und 2). Was fehlt am unteren Baum (2)?

BVK TH10 • Renate Maria Zerbe • Themenheft „Weihnachten 1./2. Klasse“

Schmuck auf dem Tannenbaum (1)

Ein geschmückter Weihnachtsbaum sagt uns: Jesus ist geboren.

Sie verkünden die Geburt Jesu.

Sie bedeuten: Jesus bringt Licht in die Welt.

Er zeigt den Weg zum Jesuskind.

Sie erinnern an die Geschenke der Heiligen Drei Könige.

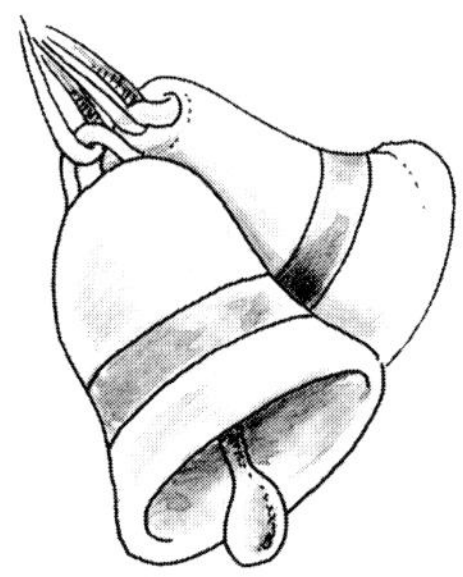

Sie verkünden den Frieden.

Aufgabe

Lies die Texte durch.

BVK TH10 • Renate Maria Zerbe • Themenheft „Weihnachten 1./2. Klasse"

Schmuck auf dem Tannenbaum (2)

Aufgaben

Bastle nun den Tischtannenbaum.
Klebe den Schmuck auf, der dir gefällt, und erzähle, was dein Tannenbaum sagen will.

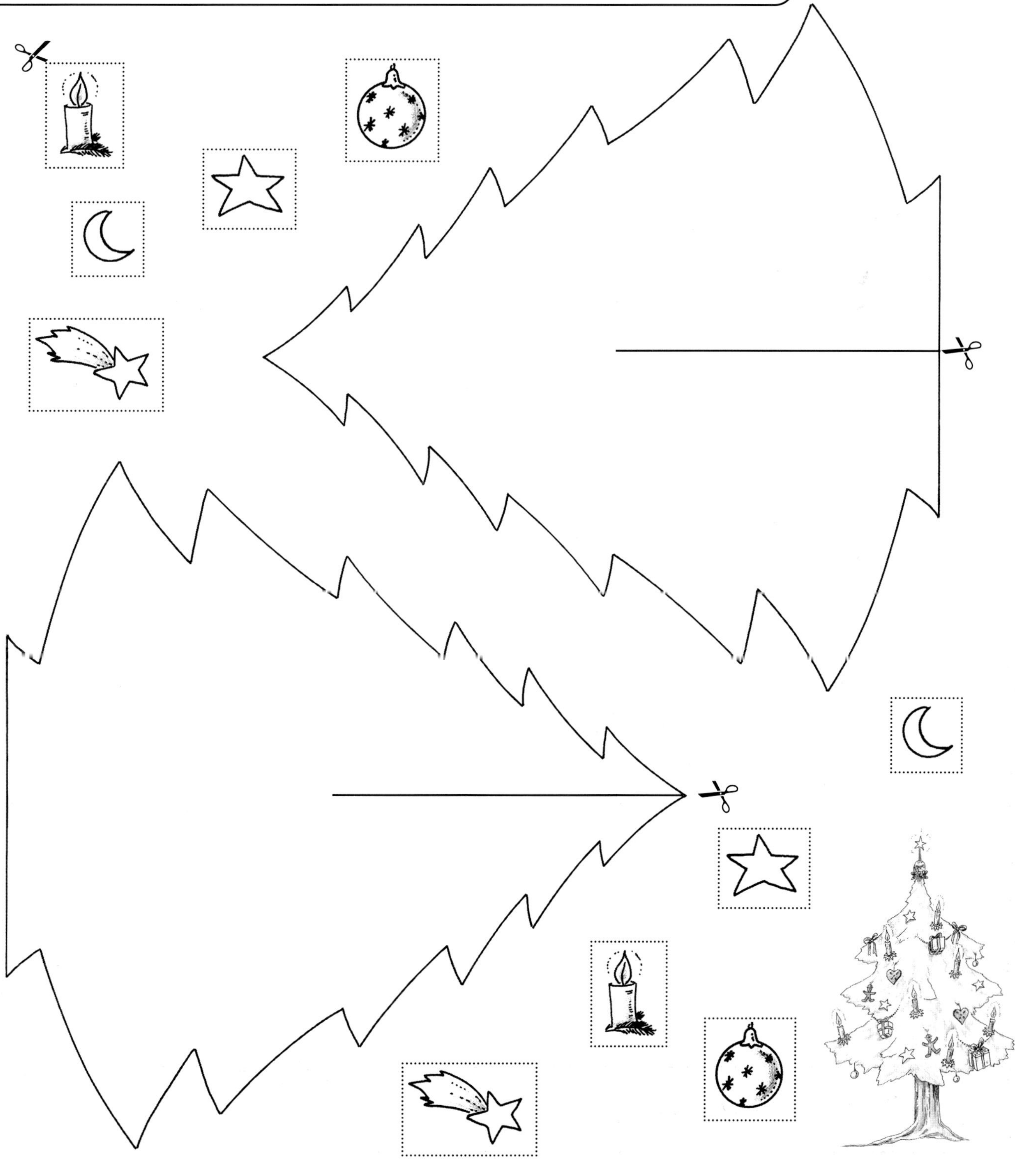

Unser Weihnachtsbaum

Tannenbaum

Die Römer schmückten ihre Häuser mit grünen Zweigen.
Diese Zweige sollten vor Gefahr schützen.

Lichterbaum

Der Lichterbaum sollte zeigen, dass die dunkle Zeit
zu Ende ist und die helle Zeit anfängt.

Christbaum

Aus Tannenzweigen und Lichterbaum wurde unser Christbaum.
Er sagt uns: Jesus ist geboren. Er ist das Licht der Welt.

Grüne ________________ verwenden die Römer, um ihre

____________ zu schmücken. Ein ___________________ zeigt,

dass die dunkle Zeit zu Ende ist. Die __________ Zeit beginnt.

Der Christbaum sagt uns: Jesus ist das __________ der Welt.

Aufgaben

- Lies die Texte durch.
- Versuche nun, die Lücken zu füllen. Diese Wörter helfen dir:
  Licht – helle – Zweige – Lichterbaum – Häuser.
- Male, wie euer Christbaum aussieht.

BVK TH10 • Renate Maria Zerbe • Themenheft „Weihnachten 1./2. Klasse“

Die Weihnachtsgeschichte

Vor über 2 000 Jahren regierte Kaiser Augustus in Rom.
Er wollte die Menschen in seinem Reich zählen.
Jeder sollte dorthin gehen, wo er geboren war.

Maria und Josef machten sich auf den weiten Weg nach Bethlehem.
Dort fanden sie aber kein Zimmer.
Also mussten die beiden in einem Stall schlafen.
Dort bekam Maria ihr Kind. Sie wickelte es in Windeln und legte es in eine Krippe.
In der Nähe waren Hirten. Sie passten auf ihre Schafe auf.
Ein Engel erschien und sagte ihnen: „Geht nach Bethlehem und sucht den Heiland. Er heißt Jesus!“
Schnell liefen die Hirten nach Bethlehem. Sie fanden Jesus in der Krippe, mit Maria und Josef.

BVK TH10 • Renate Maria Zerbe • Themenheft „Weihnachten 1./2. Klasse“

Eine Stehkrippe (1)

Aufgaben

Arbeitet in einer Dreiergruppe!

Malt alle Figuren an.

Schneidet sie aus. Knickt sie an der Linie und schneidet, wo sie gestrichelt ist.

Nun könnt ihr sie auf einen Pappkarton kleben, indem ihr eine Hälfte nach vorne und die andere nach hinten knickt.

Tipp: Vielleicht könnt ihr auch eine Klassenkrippe erstellen. Neben Maria, Josef und dem Kind könnt ihr beliebig viele Hirten, Schafe und andere Menschen basteln.

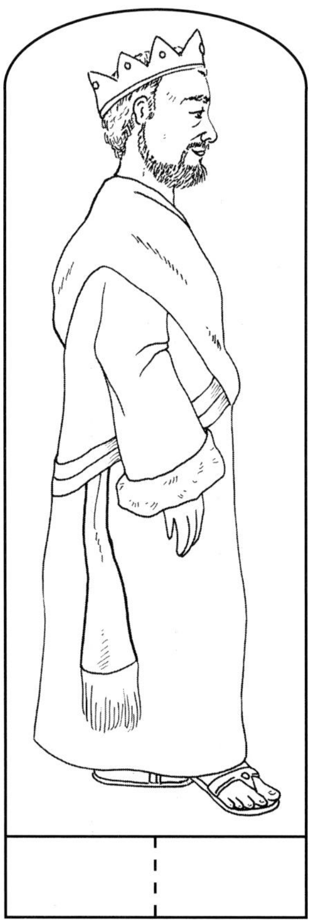

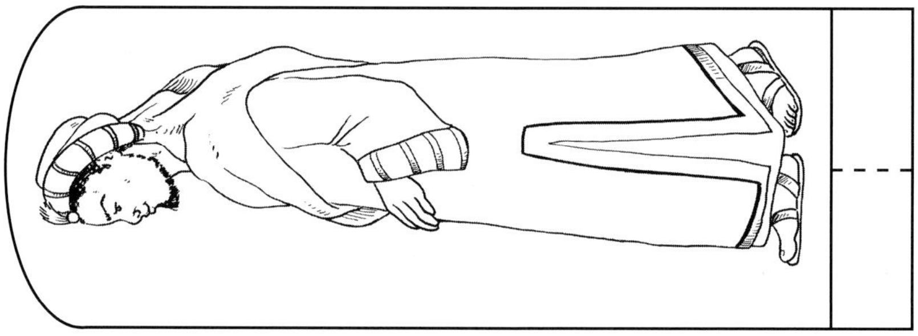

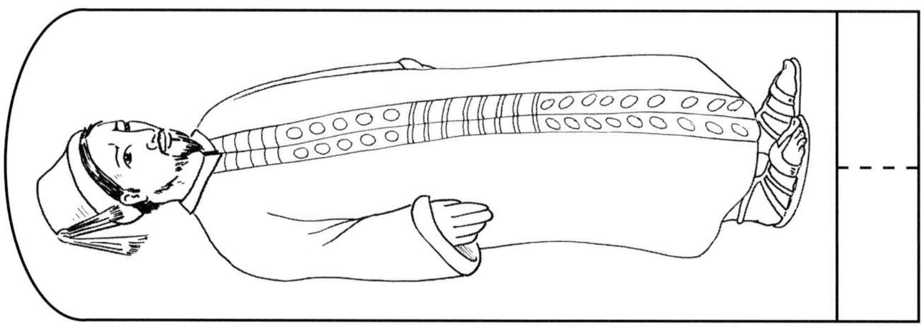

BVK TH10 • Renate Maria Zerbe • Themenheft „Weihnachten 1./2. Klasse“

Eine Stehkrippe (2)

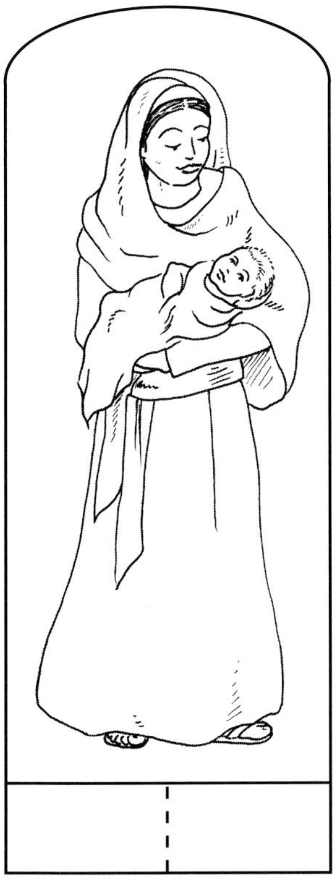

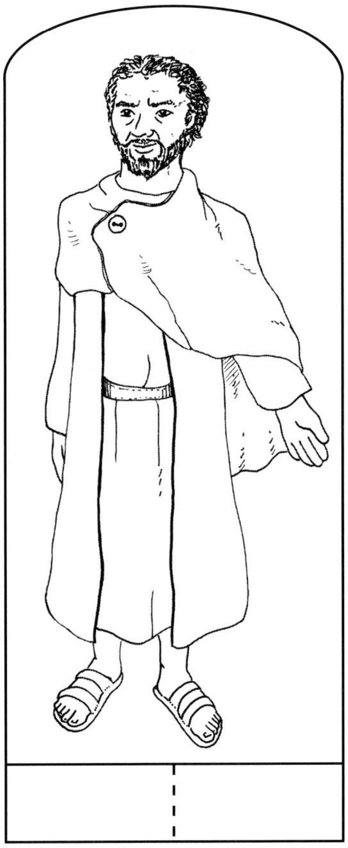

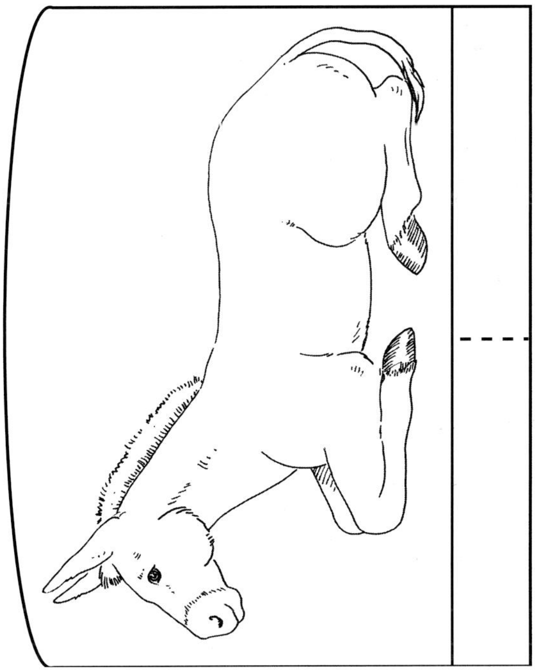

BVK TH10 • Renate Maria Zerbe • Themenheft „Weihnachten 1./2. Klasse“

In Bethlehem

Aufgaben

- Male die Bilder an und schneide sie aus.
- Bringe die Bilder in die richtige Reihenfolge und klebe sie auf ein leeres Blatt.
- Schreibe ein paar Sätze dazu.

Bastle nun die Stehkrippe in einer Dreiergruppe.

BVK TH10 • Renate Maria Zerbe • Themenheft „Weihnachten 1./2. Klasse“

Hirten

Hirten passten auf den Feldern vor Bethlehem auf ihre Schafe auf. Ein Engel erzählte ihnen von der Geburt Jesu. Sofort eilten sie nach Bethlehem.

Die Hirten sind zurück.

Aufgaben

- Was sagen sie? Schreibe es in die Sprechblasen.
- Male das Bild an.

Spielt nun die Szene nach, wie die Hirten vom Stall zurückkommen.

BVK TH10 • Renate Maria Zerbe • Themenheft „Weihnachten 1./2. Klasse“

Hirtenkleidung

Auf dem Feld wachten Hirten bei ihren Schafen. Hirten gehörten zu den armen Leuten. Sie trugen einfache Kleidung.

A: Sie trugen ein Unterkleid.
B: Darüber kam ein Wollumhang.
C: Auf dem Kopf hatten sie ein Tuch, das von einer Schnur gehalten wurde.
D: Ihre Schuhe waren entweder Stiefel oder Sandalen mit Schnüren.

Aufgaben

Lies den Text.

Schreibe die Buchstaben in die Kreise, die zum Text passen.

Arbeite mit einem Partner zusammen.

BVK TH10 • Renate Maria Zerbe • Themenheft „Weihnachten 1./2. Klasse“

Beruf: Hirte

Hirten gehörten zu den armen Leuten in Israel.
Sie zogen mit den Schafherden umher.
Ein festes Haus hatten sie nicht.
Ihre Kleidung war häufig zerissen.

Bei seinen Wanderungen hatte ein Hirte verschiedene Dinge mit.
Er besaß eine Umhängetasche. Darin waren Steine und eine Schleuder.
Auch hatte ein Hirte einen langen Stab zum Wandern. Ihm gehörte außerdem eine Keule, um wilde Tiere zu verjagen, ein Messer, eine Wasserflasche und eine Flöte oder Trommel.

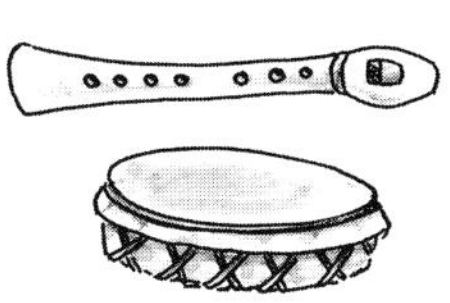

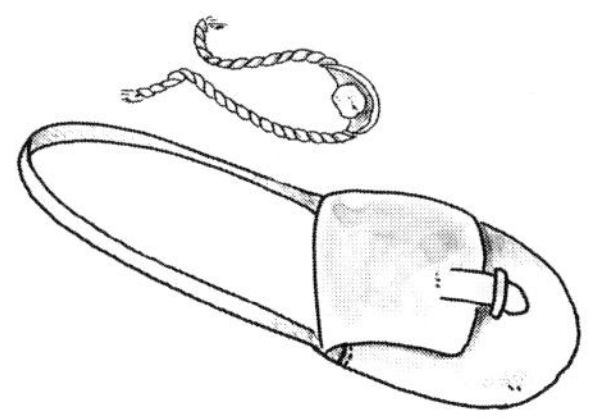

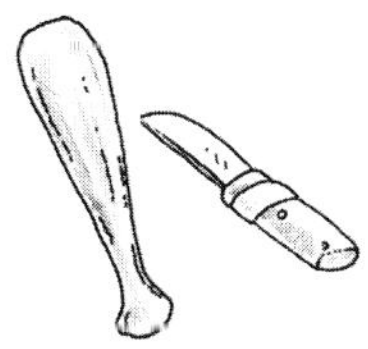

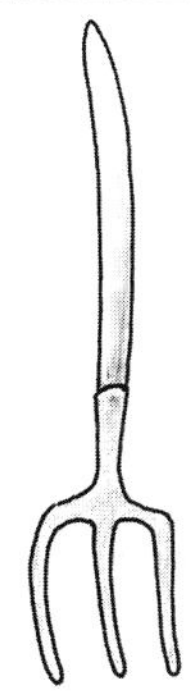

Aufgaben

Lies den Text.
Male an, was zu der Ausrüstung eines Hirten gehörte.
Schreibe die Namen unter die Bilder.

Warum besaß ein Hirte wohl eine Flöte?
Besprich deine Lösung mit einem Partner.

BVK TH10 • Renate Maria Zerbe • Themenheft „Weihnachten 1./2. Klasse“

Die Krippentiere

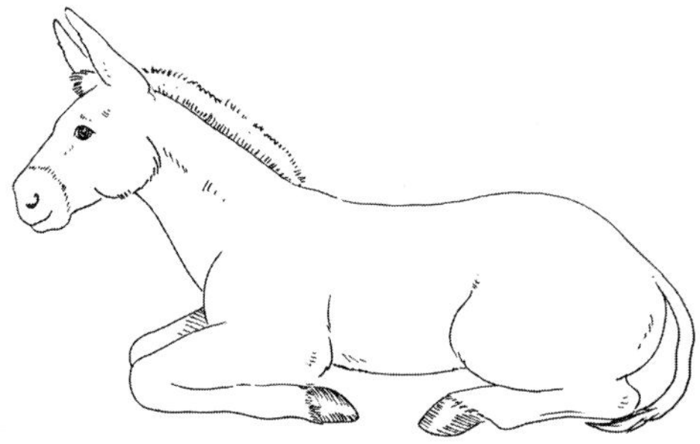

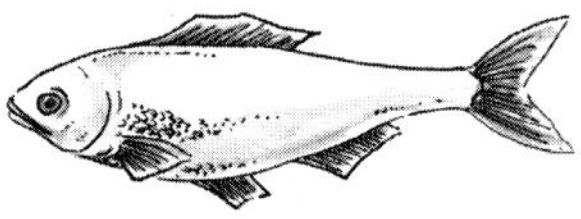

Aufgaben

Welche Tiere standen an der Krippe?

Male sie an.

Schreibe die Namen darunter.

BVK TH10 • Renate Maria Zerbe • Themenheft „Weihnachten 1./2. Klasse“

Tiere und Menschen an der Krippe

Viele machten sich auf den Weg um Jesus zu sehen.
Es kamen Tiere und Menschen.

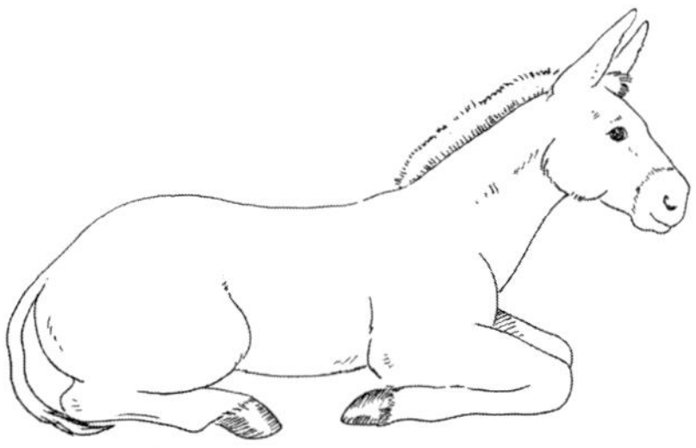

K	S	N	H	I	R	T	E	Q	N
Ö	T	E	S	E	L	Ü	N	K	R
N	E	Q	A	M	J	P	G	R	T
I	R	V	H	K	A	M	E	L	Y
G	N	Z	I	J	R	T	L	O	G
E	H	S	C	H	A	F	P	T	L
B	C	D	D	S	O	C	H	S	E

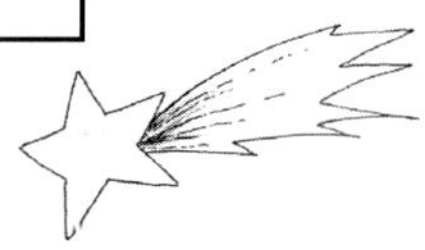

Aufgabe

Finde die hier abgebildeten Tiere, Menschen und Dinge.
Kreise sie im Rätselgitter ein.

BVK TH10 • Renate Maria Zerbe • Themenheft „Weihnachten 1./2. Klasse“

Allerlei Tiere im Stall

1) Das ______________ liefert Milch, Fleisch und Wolle.
   Es lebt in Herden.
2) Der ______________________ gehört zu den Rindern.
3) Das _____________________ kann bis zu fünf Tage ohne
   Wasser auskommen. Es lebt in der Wüste und trägt Lasten.
   Man kann auch darauf reiten.
   Oft werden diese Tiere als Wüstenschiffe bezeichnet.
4) Der _____________________ trägt die Menschen sicher durch die
   Berge. Er ist grau und sehr ruhig.

Aufgaben

Lies die Lückentexte gut durch.

Finde heraus, welche Tiere gemeint sind und trage die Namen ein.

Betrachte das Krippenbild. Einige Tiere standen nicht an der Krippe. Welche? Schreibe sie auf.

BVK TH10 • Renate Maria Zerbe • Themenheft „Weihnachten 1./2. Klasse“

Das Weihnachtsfest

Die Familie geht in die Kirche.

Wir schmücken den Tannenbaum.

Alle packen die Geschenke aus.

Nun wird die Krippe aufgestellt.

Zuletzt singen wir Weihnachtslieder.

Aufgaben

Verbinde die Bilder mit den passenden Sätzen.
Male ein Bild von eurem Weihnachtsfest.

BVK TH10 • Renate Maria Zerbe • Themenheft „Weihnachten 1./2. Klasse“

Am Heiligen Abend

Am Nachmittag des Heiligen Abends bauen Tom und Tina einen . Dann helfen sie Vater, den  zu schmücken.

Sie hängen rote und blaue  und  an die grünen .

Auch  setzen sie darauf. Nun sitzen sie im Zimmer und singen . Sie warten auf die Bescherung. Endlich bimmelt die  und die  geht auf. Unter dem geschmückten  steht die . Auch die  liegen dort.

Nach dem Essen gehen alle in die .

Aufgaben

Versuche, die Geschichte zu lesen.
Schreibe alle Wörter für die Bilder auf.
Denke an die Begleiter.

Aufgabe

Nimm ein Blatt und male ein Bild, wie du feierst.
Schreibe dazu.

BVK TH10 • Renate Maria Zerbe • Themenheft „Weihnachten 1./2. Klasse“

Wir feiern Weihnachten

Aufgabe

Schreibe auf, was Familie Schmitt an Weihnachten macht.

Aufgaben

Schreibe nun auf, wie du Weihnachten feierst.

Lest eure Texte in der Klasse vor.

Zuerst

Dann

Anschließend

Drei Könige

Am 6. Januar wird das Fest der Heiligen Drei Könige gefeiert.
Sie folgten einem hellen Stern.
Jesus brachten sie wertvolle Geschenke mit:
Gold, Weihrauch und Myrrhe.

Aufgaben

Lies den Text.
Male das Bild weiter.

Das Dreikönigsfest

Das Dreikönigsfest wird am 6. Januar gefeiert. Zur Geburt Jesu sahen drei Könige einen besonderen Stern am Himmel.
Sie folgten ihm mit ihren Kamelen.
Endlich blieb der Stern über einem Stall stehen. Dort fanden sie das Kind Jesus in der Krippe. Die drei Könige schenkten ihm Gold, Weihrauch und Myrrhe. Die Könige werden auch die „Weisen aus dem Morgenland“ genannt.

Aufgaben

- Lies den Text.
- Von wem bekommt Jesus etwas geschenkt?

  ____
- Was bekommt er geschenkt? Kreuze an und schreibe die Namen dazu.

____

____

____

____

____

Das hätte ich Jesus geschenkt:

Ich hätte ihm ______________________

____

______________________ geschenkt, weil

____

____

______________________________.

BVK TH10 • Renate Maria Zerbe • Themenheft „Weihnachten 1./2. Klasse“

Drei Könige auf dem Weg

Am 6. Januar wird das Dreikönigsfest gefeiert. Drei Könige folgten einem besonderen Stern bis zu einem Stall in Bethlehem. Sie werden auch die „Weisen aus dem Morgenland“ genannt. Jesus brachten sie wertvolle Geschenke mit:

Gold, Weihrauch und Myrrhe.

Aufgaben

- Male die Bilder an.
- Schneide sie aus und
- klebe sie in der richtigen Reihenfolge auf ein leeres Blatt.
- Male das 6. Bild dazu.
- Schreibe anschließend zu jedem Bild einen Satz.

BVK TH10 • Renate Maria Zerbe • Themenheft „Weihnachten 1./2. Klasse“

Weihnachtsbäckerei: Butterplätzchen

Zutaten:

2 Eier
1 kg Mehl
250 g Zucker
500 g Butter
1 Päckchen Vanillinzucker
1 Päckchen Backpulver

So geht es:

Zutaten in die Schüssel geben,
mit Handrührgerät verrühren.

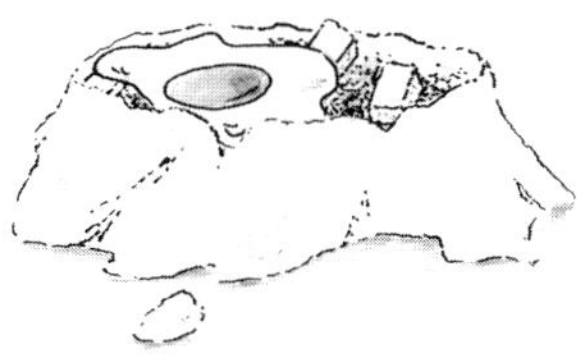

Teig kneten.

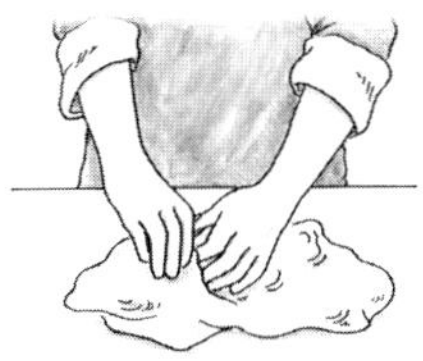

Teig ausrollen
(Nudelholz).

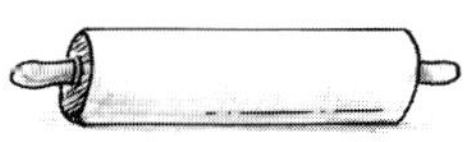

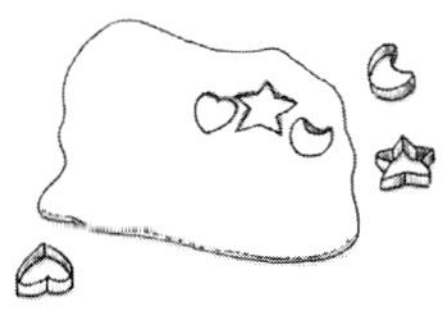

Backpapier aufs Backblech legen.
Plätzchen ausstechen (Förmchen: Stern, Herz ...).
Plätzchen auf Backpapier legen.

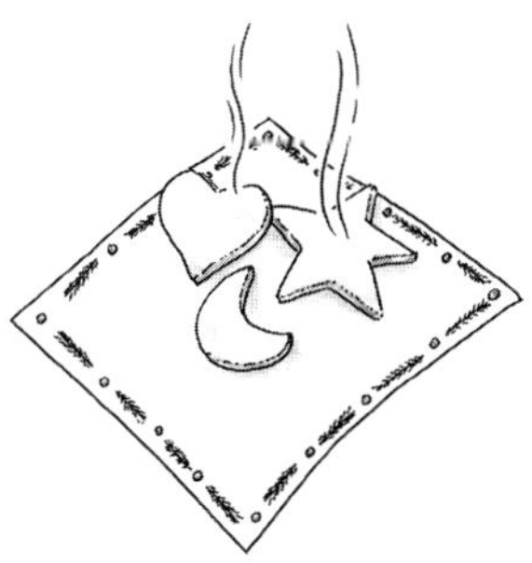

Backofen, Blech
hineinschieben.
Backzeit: ca. 10–12 Minuten
Temperatur: 180 °C

Fertig!

Aufgaben

Schaue dir die Bilder genau an.

Beschreibe nun, wie die Plätzchen gemacht werden.
Der Text zu den Bildern hilft dir dabei.

BVK TH10 • Renate Maria Zerbe • Themenheft „Weihnachten 1./2. Klasse“

Nikolausstiefel

Aufgabe

Was steckt in den Stiefeln?
Schreibe auf die Linien.

BVK TH10 • Renate Maria Zerbe • Themenheft „Weihnachten 1./2. Klasse“

Versteckte Geschenke

1. (C) (H) (B) (U)
2. (P) (U) (C) (T) (O) (M) (E) (R)
3. (O) (A) (T) (U)
4. (U) (ß) (F) (L) (B) (A) (L)
5. (E) (P) (P) (U) (P)
6. (L) (I) (E) (P) (S)
7. (E) (T) (Y) (D) (D)
8. (Ö) (E) (T) (F) (L)
9. (E) (F) (S) (I) (T) (E) (L)

Aufgabe

Bringe die Buchstaben in die richtige Reihenfolge,
dann erfährst du, wie die Geschenke heißen.
Schreibe sie ins Heft.

BVK TH10 • Renate Maria Zerbe • Themenheft „Weihnachten 1./2. Klasse“

Themen-Heft

Weihnachten

Brief an …

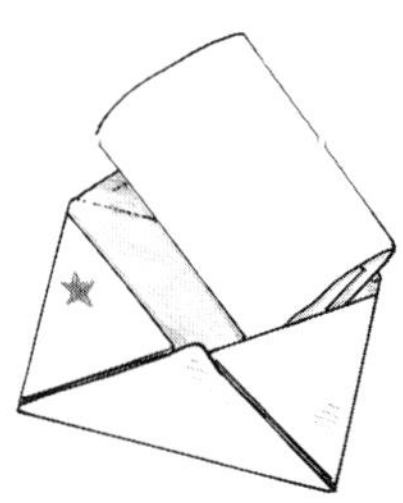

Lieber Nikolaus,
ich will dir unbedingt schreiben.
Ich finde es gut, dass du zu allen Menschen nett bist.
Sag mal, wie alt bist du eigentlich?
Ich habe schon viele Geschichten über dich gehört.
Übrigens, ich bin 8 Jahre alt.
Bis bald und frohe Weihnachten!
Deine Anna

Aufgabe

Was schreibst du in deinem Brief an den Nikolaus?

BVK TH10 • Renate Maria Zerbe • Themenheft „Weihnachten 1./2. Klasse“

Was passt hier nicht?

Honig, Mehl, Zucker, Messer

Heiligabend, Stiefel, Nikolaus, 6. Dezember

Krippe, Elefant, Maria, Jesus

Stern, Könige, Kamel, Auto

Watte, Gold, Myrrhe, Weihrauch

Advent, Knaller, Kranz, Kerzen

Tanne, Kerzen, Nägel, Kugeln

Marzipan, Nougat, Senf, Schokolade

Hirte, Stab, Radio, Schaf

Aufgabe

In jedem Stern passt ein Wort nicht zu den anderen.
Schreibe es jeweils unter den Stern.

BVK TH10 • Renate Maria Zerbe • Themenheft „Weihnachten 1./2. Klasse“

Wunschzettel

Adressen von Christkind und Weihnachtsmann:

Christkindpostamt
51766 Engelskirchen

Weihnachtsmann
Himmelsthür
31137 Hildesheim

Aufgabe

Welche Wünsche hast du? Schreibe einen Wunschzettel.

BVK TH10 • Renate Maria Zerbe • Themenheft „Weihnachten 1./2. Klasse“

Was ist dir wichtig in der Weihnachtszeit?

Kirche 		Basteln 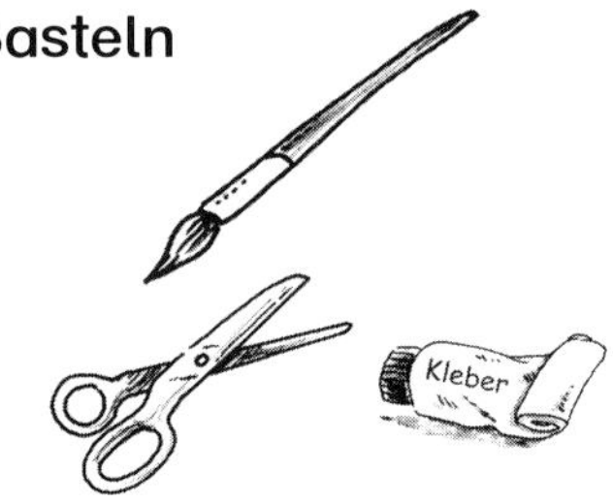	
Weihnachtsbaum 		Ferien 	
Mit anderen zusammen sein 		Kerzenlicht 	
Weihnachtsfeier 		Geschenke 	

Das gefällt mir besonders:

____

Aufgaben

✏ Kreuze vier Dinge an, die dir sehr wichtig sind.

Macht eine Umfrage in der Klasse.
Was gefällt euch besonders an Weihnachten?

BVK TH10 • Renate Maria Zerbe • Themenheft „Weihnachten 1./2. Klasse“

Nachdenken über Geschenke

Peter wünscht sich einen CD-Player, eine Eisenbahn, einen Fußball ...
Madlen wünscht sich Bücher, eine Puppe, eine Flöte, eine schicke Jacke ...

Aufgabe

Man kann nicht alle Geschenke kaufen.
Kreise ein, was man nicht kaufen kann.

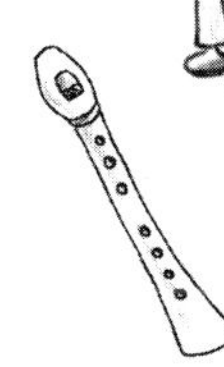

Aufgabe

Wie kannst du anderen (Eltern, Freunden) eine Freude machen, ohne etwas zu kaufen? Schreibe auf.

Aufgabe

Kannst du immer haben, was du willst?
Was ist dein größter Wunsch?

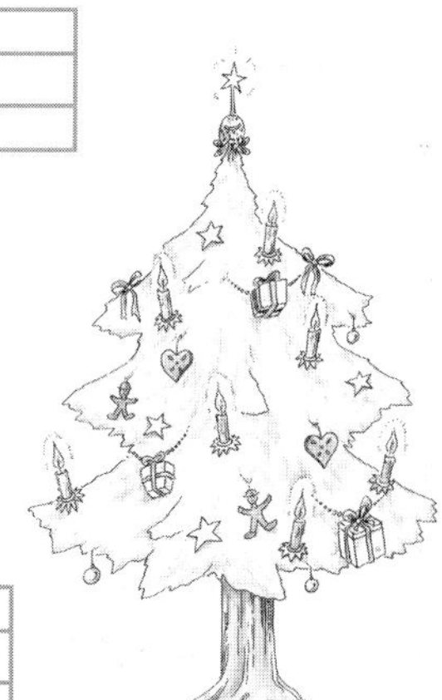

BVK TH10 • Renate Maria Zerbe • Themenheft „Weihnachten 1./2. Klasse“

Ein Weihnachts-Abc

A ____________________	M ____________________
B ____________________	N ____________________
C ____________________	O ____________________
D ____________________	P ____________________
E ____________________	Q ____________________
F ____________________	R ____________________
G ____________________	S ____________________
H ____________________	T ____________________
I ____________________	U ____________________
J ____________________	V ____________________
K ____________________	W ____________________
L ____________________	Z ____________________

Aufgabe

Finde Wörter, die mit Weihnachten zu tun haben.
Wenn du nicht weiterweißt, schaue in das Paket.

BVK TH10 • Renate Maria Zerbe • Themenheft „Weihnachten 1./2. Klasse“

Königsgeschenke

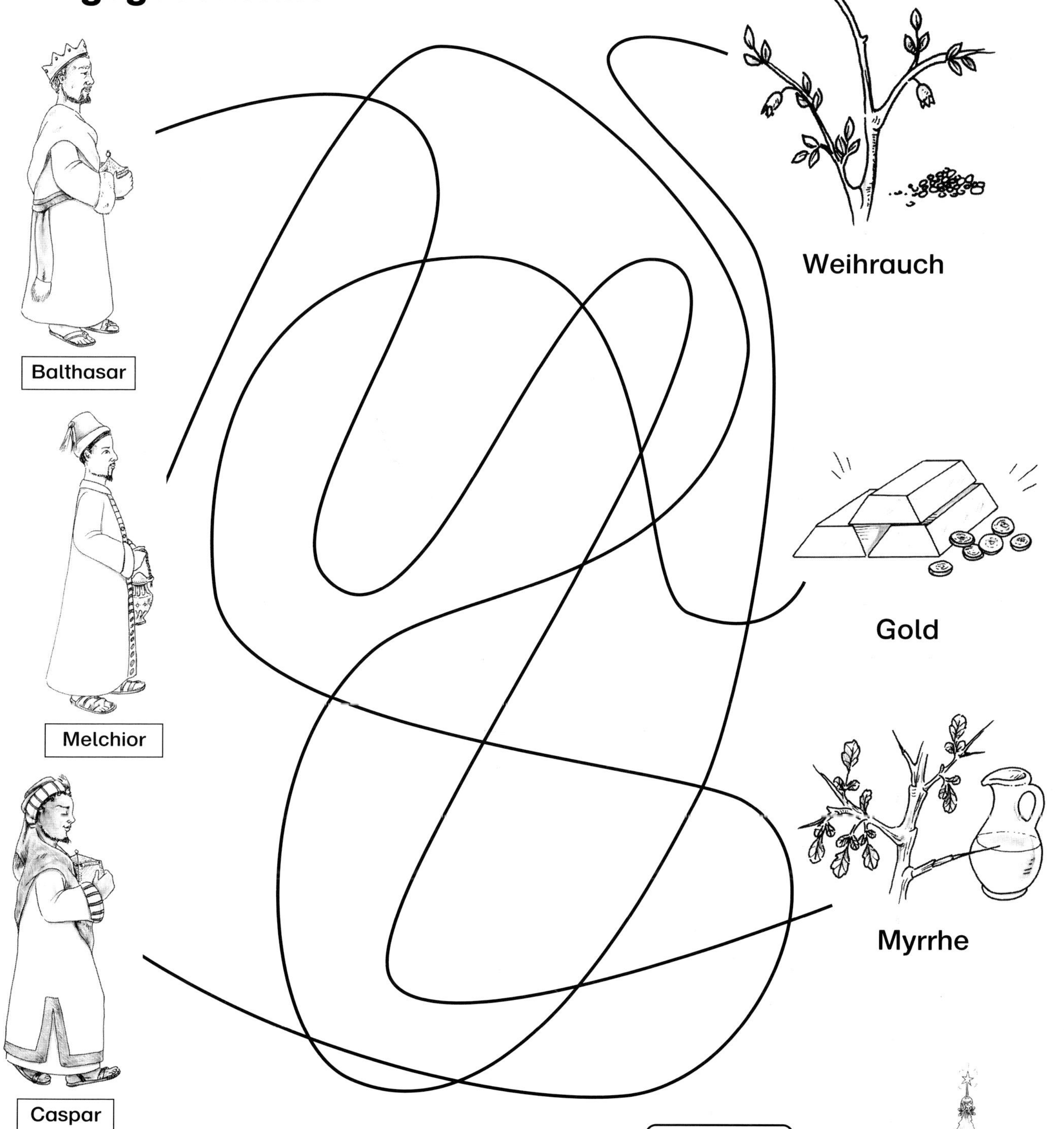

Aufgabe

Wer bringt was mit?

Schreibe so: Caspar bringt ______________________

Melchior ______________________

Balthasar ______________________

BVK TH10 • Renate Maria Zerbe • Themenheft „Weihnachten 1./2. Klasse“

So viele Dinge

Ente	Enge	Engel	
Stern	Stempel	Sterne	
Kran	Kragen	Kranz	
Nikolaus	Nikola	Nikoletta	
Globus	Glocken	Glocke	
Herz	Herr	Helm	
Kern	Kerze	Kater	
Paket	Panne	Papier	
Nudel	Nuss	Null	
Kugel	Kegel	Kuchen	
Tanne	Taste	Tonne	

Aufgabe

Unterstreiche das richtige Wort.

BVK TH10 • Renate Maria Zerbe • Themenheft „Weihnachten 1./2. Klasse“

Die Weihnachtsgans

Aufgaben

Schaue dir die Bilder genau an.

Schreibe zu jedem Bild ein oder zwei Sätze.

Finde zum Schluss eine Überschrift.

BVK TH10 • Renate Maria Zerbe • Themenheft „Weihnachten 1./2. Klasse“

Wunderbare Zeit

Tim bastelt gern zu Weihnachten.

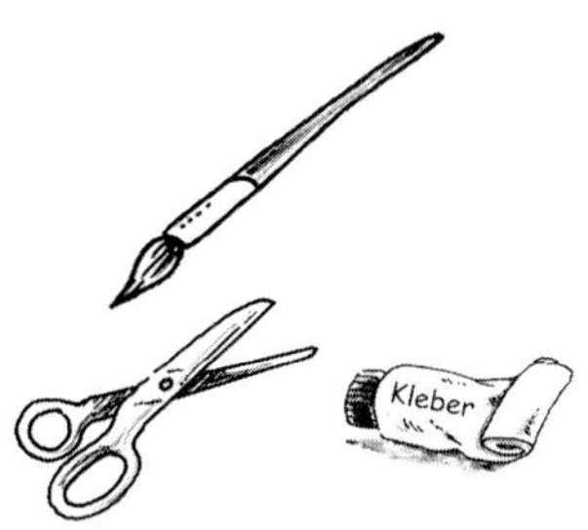

Nina freut sich jeden Morgen auf den Adventskalender.

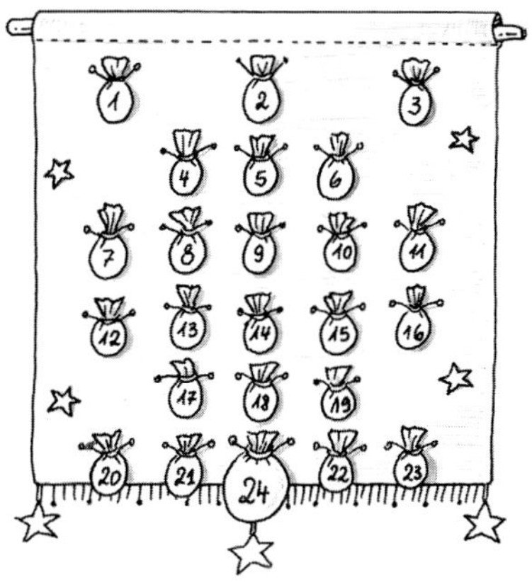

Aufgabe

Was machst du am liebsten?

Schreibe in dein Heft.

BVK TH10 • Renate Maria Zerbe • Themenheft „Weihnachten 1./2. Klasse“

Was für ein Durcheinander!

Der Weihnachtsmann verteilt	einen Schneemann.
Lisa spielt	die Geschenke.
Robert und Reiner bauen	Weihnachtslieder.
Familie Schmitt singt	viel Schnee.
Ein Engel backt	auf der Flöte.
Auf der Erde gibt es	leckere Plätzchen.

Aufgaben

- Verbinde die Sätze.
- Schreibe sie richtig in dein Heft.

BVK TH10 • Renate Maria Zerbe • Themenheft „Weihnachten 1./2. Klasse“

Auf dem Weihnachtsmarkt

Auf dem Markt steht Stand an ______________
und zu sehen gibt es allerhand,
unter Lichterketten wandeln
und der Duft gebrannter ______________.

Waffeln, Zimt und ______________
sehen uns so lecker an.
So kauft man sich eine ______________
und auch noch etwas gegen den Durst.

In der Mitte steht, man glaubt es kaum,
ein riesig großer ______________.
Und daneben, strahlend hell,
dreht sich auch ein ______________.

Über den Markt läuft der ______________,
der hat einen roten Mantel an.
Knecht Ruprecht trägt den schweren ______________.
Was wohl drin sein mag?

Glühweinduft zieht um uns her,
das Geld einzuteilen, fällt vielen schwer.
Auch erklingen viele ______________ –
wie immer, alle Jahre wieder.

Spät vom Kirchturm tönt es sacht,
o du stille Heilige ______________.
Unsere Füße sind schon ganz kalt,
Weihnachten ist es nun ______________.

Renate M. Zerbe

Mandeln

Bratwurst

Stand

Karussel

Marzipan

Tannenbaum

Lieder

Sack

Nacht

bald

Weihnachtsmann

Aufgaben

- Lies das Gedicht.
- Ergänze die fehlenden Reimwörter. Die Bilder und Wörter helfen dir.
- Male ein passendes Bild.

BVK TH10 • Renate Maria Zerbe • Themenheft „Weihnachten 1./2. Klasse"

Sterne am Himmel

Zeit

Post

Lied

Mann

Karte

Fest

WEIHNACHTS

Ferien

Gebäck

Geschenk

Gruß

Aufgaben

Setze die Wörter mit „Weihnachts“ zusammen.
Schreibe die richtigen Begleiter dazu.
Vielleicht fallen dir noch weitere Wörter ein.

BVK TH10 • Renate Maria Zerbe • Themenheft „Weihnachten 1./2. Klasse“

Dinge aus der Weihnachtszeit

Aufgabe

Was sind das für Dinge?
Ein Kuchen, der mit Kirschen gemacht wird.
Schreibe so in dein Heft: **Kirschkuchen**

Ein Guss, der aus Zucker gemacht wird.
Ein Schein, der von den Kerzen kommt.
Ein Spiel, das mit der Krippe zu tun hat.
Ein Kranz, der im Advent aufgestellt wird.
Ein Stiefel, den der Nikolaus füllt.
Ein Mann, der aus Schnee besteht.
Ein Zweig, der von einer Tanne abgeschnitten wird.
Ein Haar, das von einem Engel stammt.

Aufgabe

Aus welchen Namenwörtern (Nomen) sind diese Wörter zusammengesetzt worden?

der Honigkuchen: *der Honig, der Kuchen*

der Schokoladenweihnachtsmann: ______________________

____

der Festbraten: ______________________________

das Notenbuch: ______________________________

der Liederzettel: _____________________________

die Glaskugeln: ______________________________

das Lebkuchenherz: ___________________________

die Tannennadeln: ____________________________

der Christbaumständer: ________________________

____

der Papierschmuck: ___________________________

der Goldengel: _______________________________

BVK TH10 • Renate Maria Zerbe • Themenheft „Weihnachten 1./2. Klasse“

Mit dem Nikolaus unterwegs

Es ist sehr kalt. Überall liegt hoher, weißer 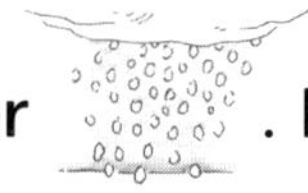. Die  freuen sich. Sie bauen einen  und fahren mit dem 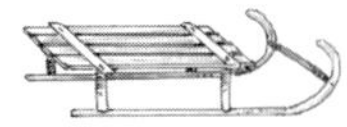. Auch der  ist unterwegs. Mit seinen schwarzen  und seinem warmen  stapft er durch den 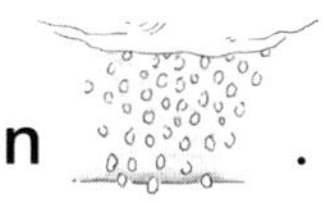. Die  im  suchen nach . Im  liegen noch viele  für die . Nun kommt der  zur . Er legt  für die  hinein. Langsam kommen ein , ein , zwei  und viele  aus ihren Verstecken. Die  freuen sich. Der  geht eilig weiter. Am 6. Dezember bringt der  den  viele . Nun sind die  der Kinder gefüllt und sein  ist leer.

Aufgaben

In der Geschichte sind für Lebewesen und Dinge Bilder gezeichnet.

Lies die Geschichte.

Schreibe die Namenwörter (Nomen) für die Lebewesen und Dinge auf.

Lebewesen	Dinge

BVK TH10 • Renate Maria Zerbe • Themenheft „Weihnachten 1./2. Klasse"

Weihnachten – Ein Dosendiktat

Aufgaben

Schneide die Satzstreifen aus.
Lies nun einen Satz und stecke den Streifen in die Dose.
Schreibe den Satz in dein Heft.
Zum Schluss schaust du nach, ob du alles richtig geschrieben hast.

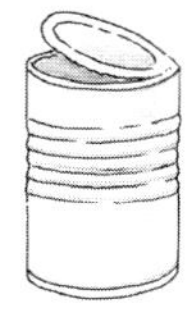

Mutter packt die Geschenke ein.

Vater stellt den Tannenbaum auf.

Frank und Tom helfen mit.

Sie hängen die Kugeln und Engel auf.

Vater befestigt die Kerzen an den Zweigen.

Es ist Weihnachten.

BVK TH10 • Renate Maria Zerbe • Themenheft „Weihnachten 1./2. Klasse“

In der Himmelswerkstatt

Aufgaben

Jeder in der Werkstatt tut etwas.

- Ergänze die fehlenden Tuwörter (Verben).
- Schreibe die Sätze in dein Heft und unterstreiche das Tuwort blau.

Ein Engel ______________________ Plätzchen.

Das Christkind ____________________ die Wunschzettel.

Raphael ________________________ den Christbaum.

Gabriel __________________ wunderschöne Geschichten.

Michael _____________________ auf seiner Harfe.

Der Engelchor ____________________ viele Lieder.

Einige __________________ die Geschenke zum Schlitten.

backen, schmücken, erzählen, lesen, spielen, tragen, singen

Aufgabe

- Was wird bei euch vor Weihnachten getan?

BVK TH10 • Renate Maria Zerbe • Themenheft „Weihnachten 1./2. Klasse“

Was ist im Sack?

Aufgabe

Setze die Silben zu Wörtern zusammen und schreibe sie auf.
Es gibt 6 Wörter.

BVK TH10 • Renate Maria Zerbe • Themenheft „Weihnachten 1./2. Klasse“

Themen-Heft

Weihnachten

Nuss-Nikolaus

Aufgaben

Du brauchst: Tonpapier, eine leere ganze Walnuss.

Übertrage die Vorlage des Nikolaus auf weißes Tonpapier.

Schneide ihn aus.

Nun kannst du ihn anmalen.

Male anschließend beide Nusshälften mit Rot an.

Klebe zum Schluss je eine Nusshälfte auf den Bauch und auf den Rücken des Nikolaus.

BVK TH10 • Renate Maria Zerbe • Themenheft „Weihnachten 1./2. Klasse“

Rund um den Tannenbaum

Ku min
Ka gel ______________________

Kin ze
Ker der ______________________

En kel
En gel ______________________

Ap kose
Apri fel ______________________

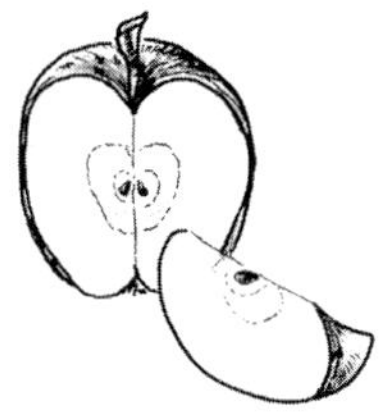

Tan te
Tan ne ______________________

Bre sen
Be zel ______________________

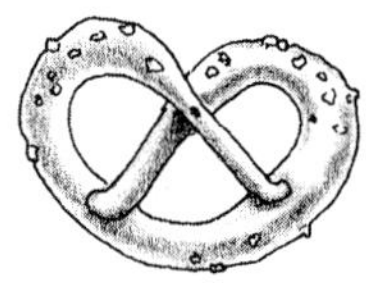

Ster be
Stä ne ______________________

Her den
Hem zen ______________________

Aufgaben

- Schaue dir die Bilder an.
- Verbinde die passenden Silben und schreibe das Wort daneben.

Viel Arbeit

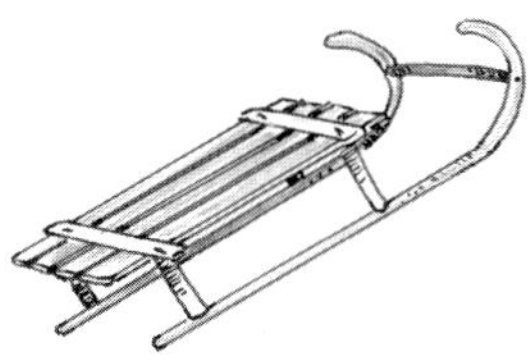

An Weihnachten ist das faule
Christkind unterwegs.
Die Engel packen den Schlitten
voll mit hässlichen Geschenken.
In den Paketen sind verschimmelte
Plätzchen und langweilige Spiele.
Auf der Erde stellt Herr Klein den
sauren Tannenbaum auf.
Tim und Sven schmücken ihn
mit wilden Kugeln und grauen
Sternen.

schön fleißig silbern spannend grün golden lecker

Aufgaben

Lies den Text genau durch!
Da stimmt doch etwas nicht.
Finde die passenden Wiewörter (Adjektive).
Schreibe den Text ins Heft.

BVK TH10 • Renate Maria Zerbe • Themenheft „Weihnachten 1./2. Klasse“

Ein Rollenspiel zur Weihnachtsgeschichte

Erzähler: Wie es sich vor langer Zeit hat
zugetragen, soll ein kleines Spiel nun sagen.

Bote (mit Schriftrolle): Kaiser Augustus will euch alle
zähl'n. Jeder muss in seinen Geburtsort geh'n.

(Maria und Josef unterwegs)

Josef: Sieh, da vorn ist Bethlehem,
man kann schon die Lichter seh'n.

Maria: Der Weg war lang und schwer,
nun kann ich nicht mehr.

(klopfen an die Tür)

Josef: Ihr lieben Leute, lasst uns ein!

Wirt: Nein, ich lass euch nicht herein.
Voll ist mein Haus,
drum geht zum Stall hinaus.

Erzähler: Geschützt vor Regen und Wind,
bekam Maria das Jesuskind.
Auf den Feldern, bei den Schafen,
waren die Hirten fast am Schlafen.

(mehrere Hirten um ein Feuer, Engel tritt auf)

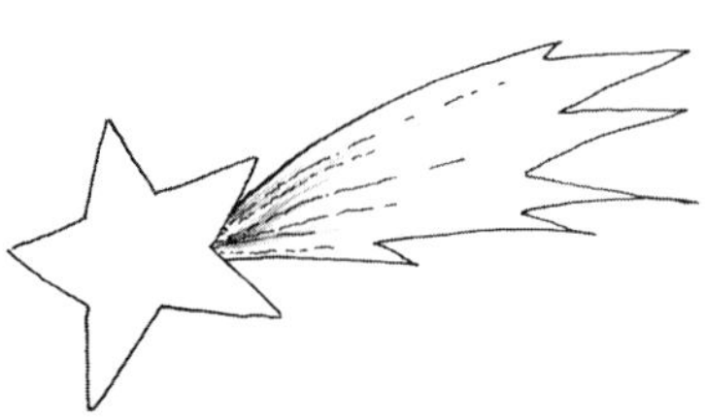

BVK TH10 • Renate Maria Zerbe • Themenheft „Weihnachten 1./2. Klasse“

Engel: Ich bin ein Engel von Bethlehem,
ihr müsst schnell dorthin gehen.
Freuet euch alle,
das Kind liegt in der Krippe, im Stalle.

Hirt: Kommt, lasst uns gehen,
ich will auch das Christuskind sehen.

Hirt: Wir nehmen mit ein paar Gaben,
es ist nicht viel, was wir haben.

(ein Kind hält Stern)

Hirt: Seht, ein Stern, strahlend hell,
beeilen wir uns und laufen schnell.

Erzähler: Sie eilen geschwind
und finden das göttliche Kind.

(Hirten knien nieder)

Hirten: Lieber Gott, wir danken dir so, diese Nacht
macht uns und alle Menschen froh.

Alle: Macht eure Herzen bereit,
denn es ist Weihnachtszeit.

(Renate M. Zerbe)

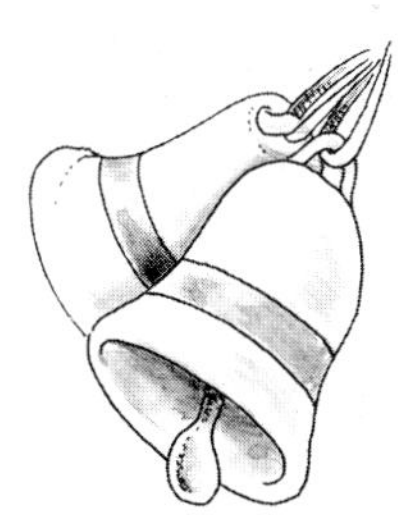

Aufgaben

Ihr könnt die Weihnachtsgeschichte auch nachspielen. Besorgt euch Decken, Tücher, Umhänge, Hüte, Stäbe, Flügel aus Pappe ... und alles, was ihr sonst noch benötigt.
Jeder in eurer Klasse kann eine Rolle übernehmen, entweder eine Sprechrolle oder man hält etwas, wie z. B. den Stern.

BVK TH10 • Renate Maria Zerbe • Themenheft „Weihnachten 1./2. Klasse"

Engel aus Tonpapier

Aufgaben

Übertrage den Engel auf Tonpapier.
Schneide ihn aus.
Hänge ihn nun an einem Faden auf.

BVK TH10 • Renate Maria Zerbe • Themenheft „Weihnachten 1./2. Klasse“

Weihnachts-Memory (1)

Aufgaben

✂ Schneidet die Karten aus.
Mischt die Karten anschließend.
Legt sie verdeckt auf den Tisch.
Jeder darf nun zwei Karten aufdecken. Zeigen sie ein Bild und das passende Wort, kann man das Paar behalten.

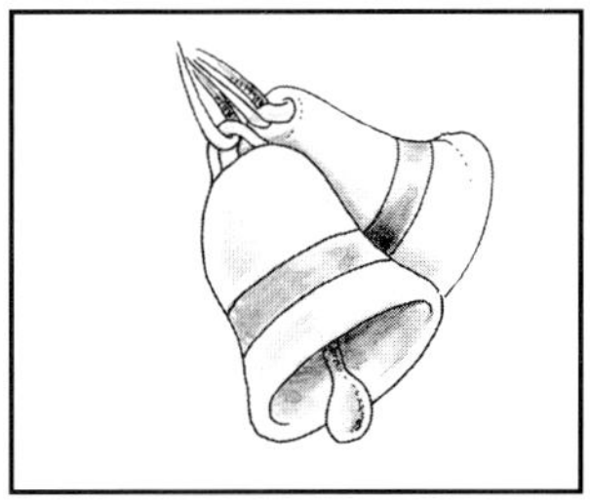

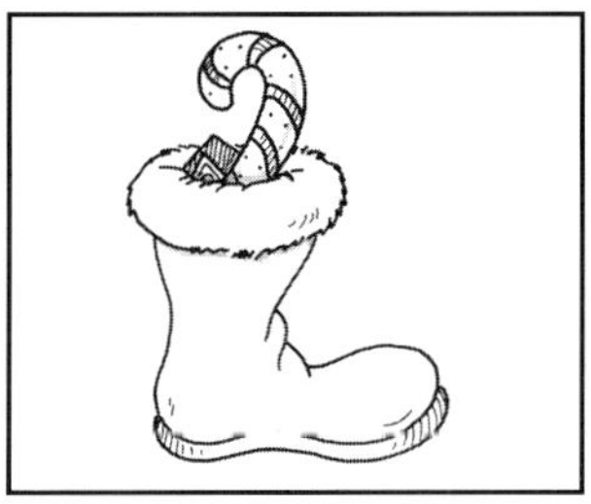

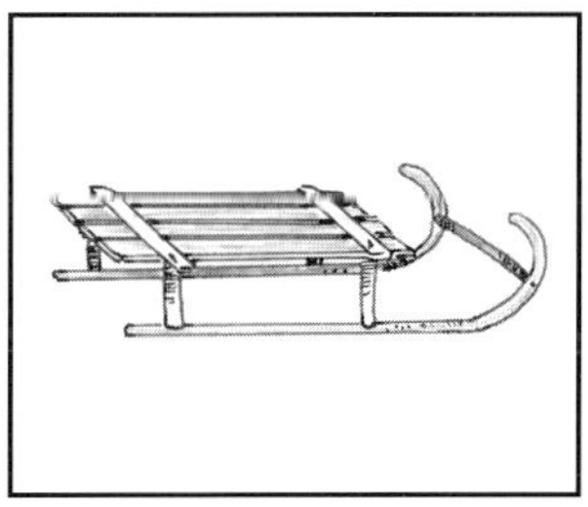

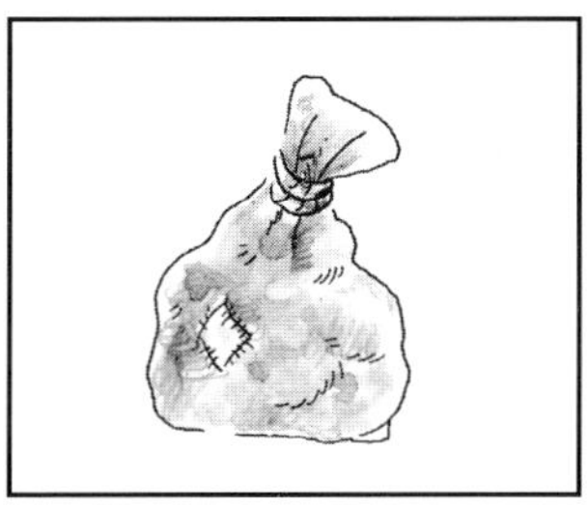

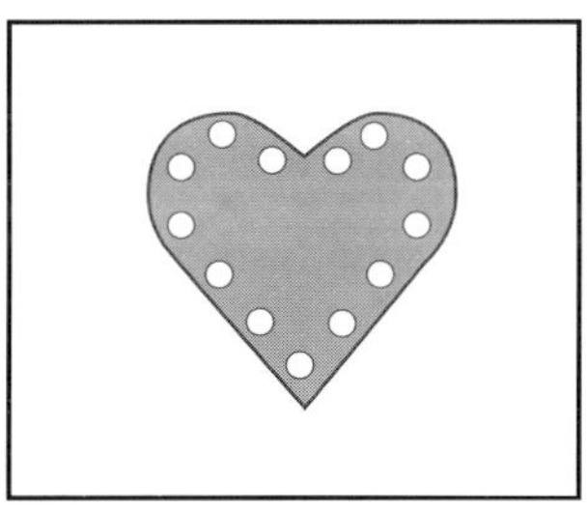
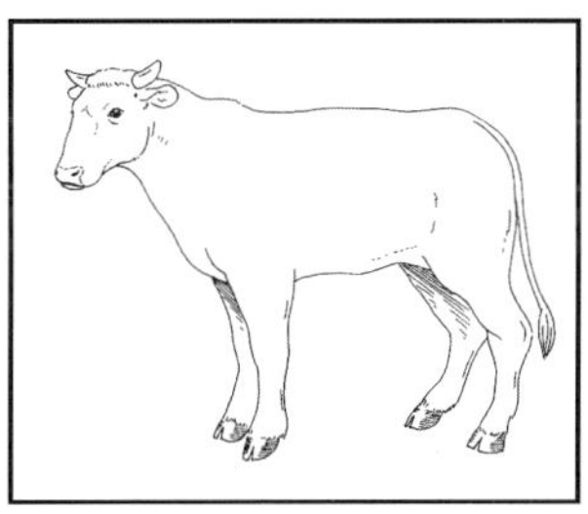

BVK TH10 • Renate Maria Zerbe • Themenheft „Weihnachten 1./2. Klasse“

Weihnachts-Memory (2)

Kerze	Engel	Glocken	Stall
Tannenbaum	Stiefel	Geschenke	Adventskranz
drei Könige	Schaf	Schlitten	Kirche
Kugel	Sack	Stern	
Weihnachtsmann	Herz	Ochse	

BVK TH10 • Renate Maria Zerbe • Themenheft „Weihnachten 1./2. Klasse“

Spielanleitung:

Schneidet die Karten aus. Jeder bekommt 2 Engel und 2 Kugeln.
Es beginnt, wer die höchste Zahl würfelt.
Wer auf einen Stern kommt, kann einen Engel oder eine Kugel ablegen.
Wer als Erster am Ziel ankommt und alle seine Engel und Kugeln auf dem Spielfeld abgelegt hat, hat gewonnen.

! 1 x aussetzen

➔ 1 Feld zurück

Spielkarten:

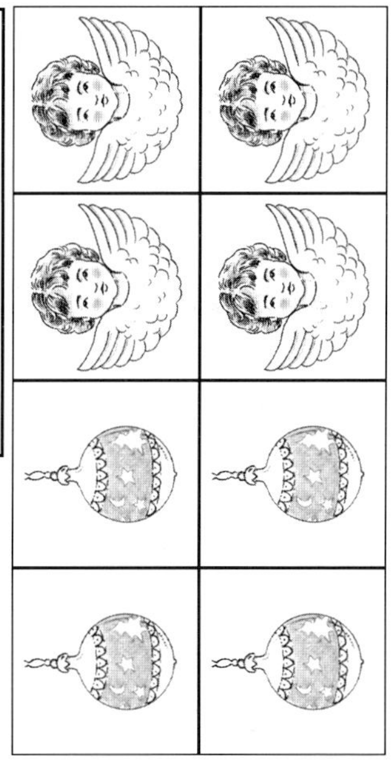

Tipp: Bei vier Mitspielern bitte die Karten kopieren.

Auf zur Krippe

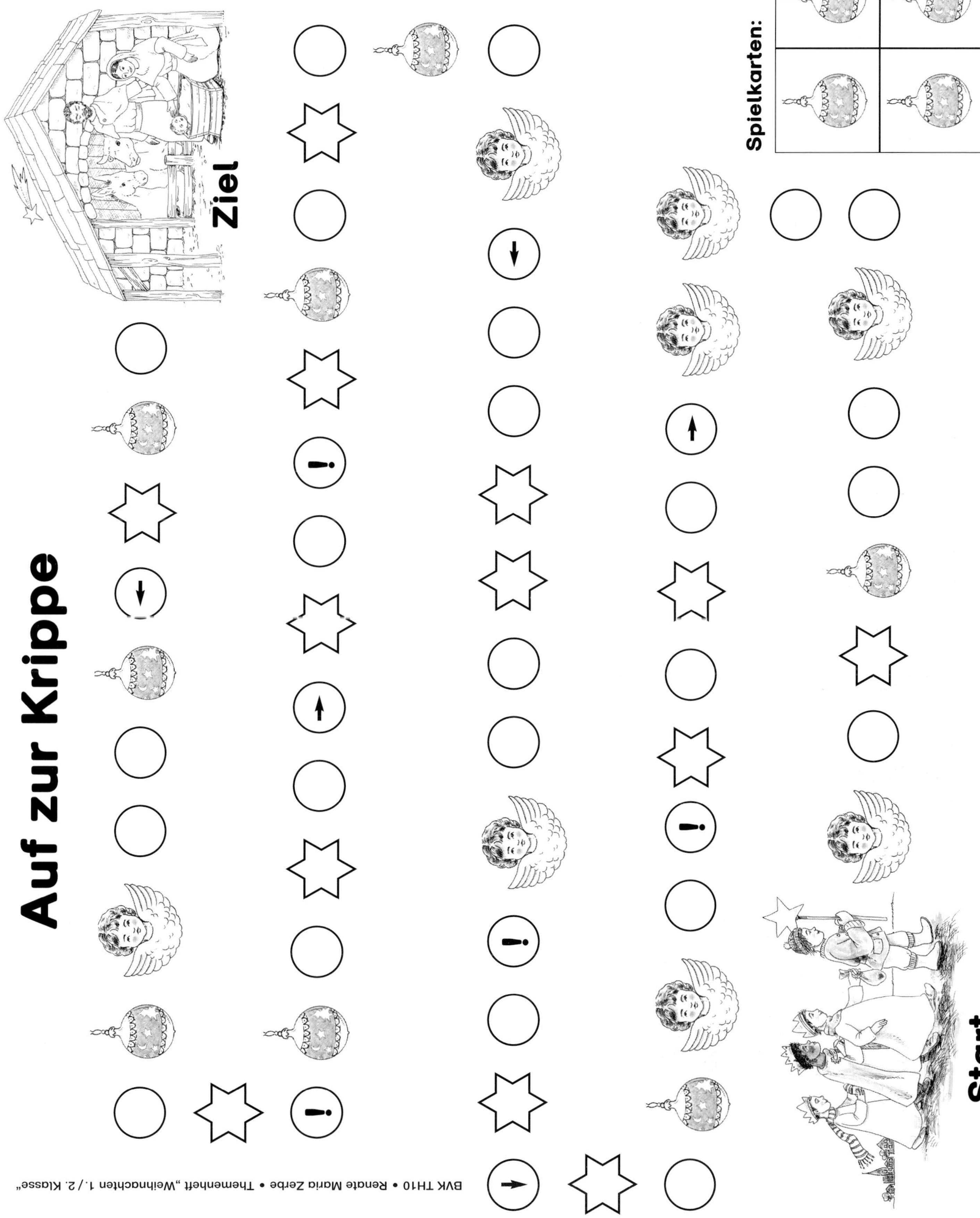

An Weihnachten wird auch gerechnet

Der Weihnachtsmann packt seinen Schlitten. 40 Pakete sind schon auf dem Schlitten. 55 stehen noch davor.
Frage: Wie viele Pakete kommen insgesamt auf den Schlitten?
Rechnung:

Antwort: ______________________________

Auf dem Weihnachtsbaum sind 85 Kerzen. 40 brennen schon.

Frage: ______________________________
Rechnung:

Antwort: ______________________________

Frau Huber kauft Geschenke: ein Auto für 25 Euro, eine Puppe für 20 Euro und eine Hose für 40 Euro. Sie gibt einen 100-Euro-Schein.
Frage: Wie viel muss sie bezahlen? Bekommt sie etwas zurück?
Rechnung:

Antwort: ______________________________

BVK TH10 • Renate Maria Zerbe • Themenheft „Weihnachten 1./2. Klasse“

Engel mit Kerze

Aufgabe

Rechne die Aufgaben aus und male das Bild an.
10 = gelb 8 = rot 4 = blau 1 = braun

BVK TH10 • Renate Maria Zerbe • Themenheft „Weihnachten 1./2. Klasse“

Zählen an Weihnachten

7

5

8

2

9

3

6

4

1

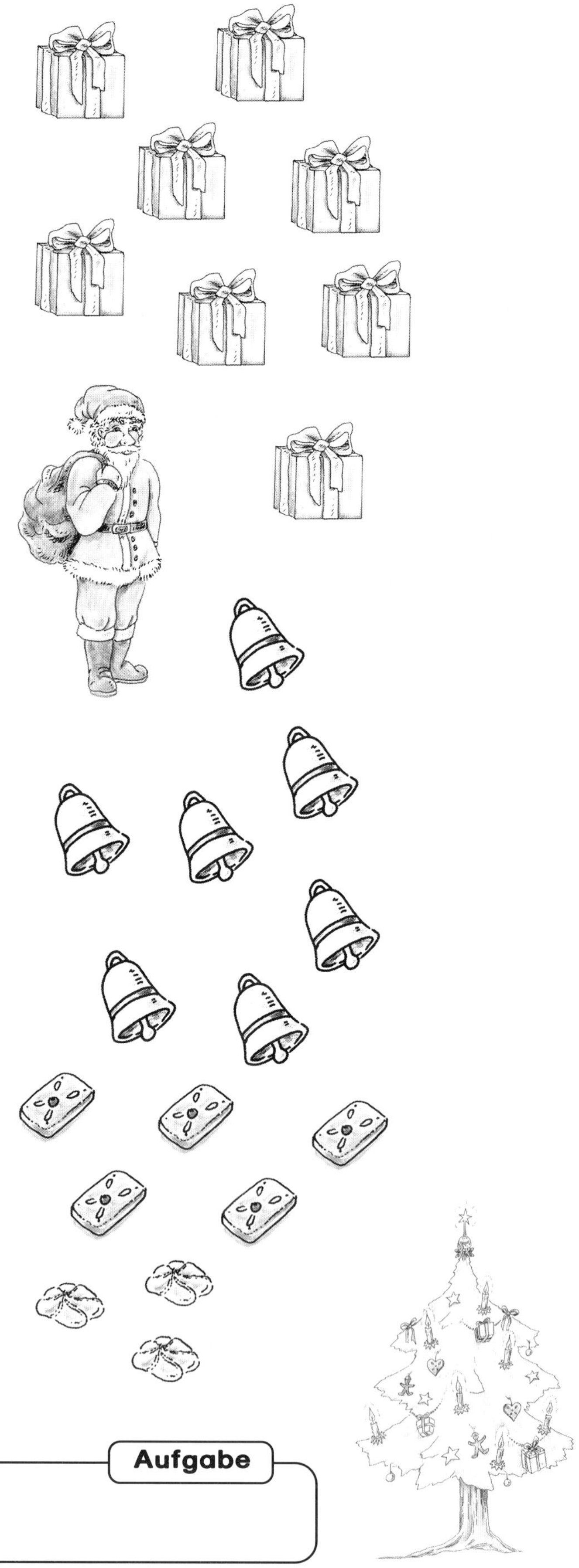

Aufgabe

Zähle und verbinde.

BVK TH10 • Renate Maria Zerbe • Themenheft „Weihnachten 1./2. Klasse“

Was hast du behalten?

Name: ______________________________ Datum: ____________

1. An welchem Tag stellt man einen Stiefel auf?

____

2. Kreise ein, was zum Advent gehört.

3. Was erzählten die Engel den Hirten?

____

4. Was sagt uns ein geschmückter Tannenbaum?

____

5. Wo wurde Jesus geboren?

____

6. Was macht ein Hirte?

____

7. Zähle auf, wer alles an der Krippe stand (Tiere und Menschen).

____

8. Kreuze an, wie man Weihnachten feiert.
   - eine Krippe aufstellen ☐
   - Weihnachtslieder singen ☐
   - Ostereier suchen ☐
   - den Christbaum schmücken ☐
   - Raketen abfeuern ☐
   - in die Kirche gehen ☐

9. Was brachten die Heiligen Drei Könige mit? Unterstreiche.
   Gold Geld Weihrauch Wein Myrrhe Minze

BVK TH10 • Renate Maria Zerbe • Themenheft „Weihnachten 1./2. Klasse“

Lösungen

Zu S. 31: Tiere und Menschen an der Krippe

K	S		H	I	R	T	E		
Ö	T	E	S	E	L		N		
N	E						G		
I	R			K	A	M	E	L	
G	N						L		
E		S	C	H	A	F			
					O	C	H	S	E

Zu S. 37: Das Dreikönigsfest

Weihrauch

Gold

Myrrhe

Zu S. 47: Königsgeschenke
Caspar bringt Gold. Melchior bringt Weihrauch. Balthasar bringt Myrrhe.

Zu S. 49: Frohe Weihnachten!
Reihenfolge der Häuser: Franz, Robert, Otmar, Hilde, Erik, Wilhelm, Edith, Isabell, Hanna, Nils, Anke, Christoph, Herbert, Tina, Elmar, Nina
Als drittes Kind besucht er Otmar.
Vergessen hat er Sophie und Maximilian.

Zu S. 68: An Weihnachten wird auch gerechnet
1. Frage: Wie viele Pakete kommen insgesamt auf den Schlitten?
Rechnung: 40 + 55 = 95
Antwort: Insgesamt kommen 95 Pakete auf den Schlitten.

2. Frage: Wie viele Kerzen müssen noch angezündet werden?
Rechnung: 85 – 40 = 45
Antwort: 45 Kerzen müssen noch angezündet werden.

3. Frage: Wie viel muss sie bezahlen? Bekommt sie etwas zurück?
Rechnung: 25 Euro + 20 Euro + 40 Euro = 85 Euro / 100 Euro – 85 Euro = 15 Euro
Antwort: Sie muss 85 Euro bezahlen und bekommt noch 15 Euro zurück.